지브리
요리
그림책

지브리의 식탁
이웃집 토토로

스튜디오 지브리 감수
주부의 벗사 엮음
이선희 옮김

머리말

사츠키가 가족을 위해 만든
따끈따끈한 아침밥과 도시락,
칸타의 할머니네 집에서 만든
팥떡과 할머니가 정성껏 키워서
수확한 신선한 채소들.

사츠키와 메이가 한입 크게 베어 물고
맛있게 먹는 모습을 보고 있으면
왠지 보는 사람도 배가 고파지는 것 같아요.

<이웃집 토토로>에 나오는
맛있는 음식을 가족과 같이 집에서
만들어 보는 건 어떨까요?

토토로의 세계에서
떠오른 이미지로 만든
오리지널 레시피도 소개해 드립니다.

한입 먹으면 기운이 펄펄!
웃음이 활짝!
자아, 이제 부엌에 머무는 시간을
마음껏 즐겨 볼까요?

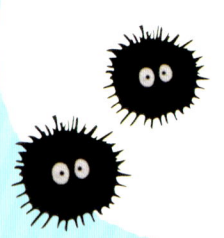

약속해 주세요!

칼에 손이 베이거나 뜨거운 것을 만져서 데지 않도록 조심해 주세요. 특히 오븐에서 요리한 음식이나 용기는 매우 뜨거워요. 오븐에서 꺼낼 때는 용기나 철판을 직접 만지지 않도록 조심해 주세요. 처음 사용하는 도구는 반드시 어른이 옆에 있을 때 물어보고 사용해 주세요.

■ 레시피 기준 ■
- 1작은술은 5ml, 1큰술은 15ml입니다.
- 전자레인지의 출력 기준은 '600W'입니다.
- 전자레인지로 음식을 데울 때는 도자기나 내열유리로 된 용기를 사용해 주세요.

■ 레벨 구분하는 방법 ■
각각의 레시피에는 레벨 마크가 붙어 있어요. 간단한 것부터 도전해서 점점 요리 실력을 높여 보세요.

쉬움
보통
어려움

목차

이야기에 나오는 등장인물 … 4
토토로와 친구들 … 5

이사 날 … 6
이사 날의 캐러멜 … 10
할머니네 집에서 만든 팥떡 … 14
새로운 생활 … 18
아침 된장국 … 22
사츠키가 만든 도시락 … 26
    정어리 … 28
    사쿠라덴부 … 30
    삶은 완두콩 … 32
    질냄비로 지은 윤기가 자르르한 밥 … 34
쿠사카베네 집의 부엌과 조리도구 … 36
토토로를 만났다! … 38
토토로와 도토리 나무 열매 … 42
보물 상자 같은 할머니네 밭 … 44
맛있는 채소를 구분하는 방법 … 45
간단한 준비 & 조리법 … 46
시치코쿠야마 병원으로! … 48

▼어린이 요리 그림책 오리지널 레시피
옥수수밥 … 52
오이탕탕이 … 54
가지의 거북등구이 … 55
깜장 카린토 도넛 … 56
간장 떡 튀김 … 58
도토리모자 고구마양갱 … 60
호박팽이빵 … 62

이야기에 나오는 등장인물

쿠사카베 사츠키
초등학교 6학년. 동생을 잘 돌보는 밝고 야무진 언니.

쿠사카베 메이
네 살. 호기심이 많고, 언니가 하는 건 뭐든지 따라 하고 싶어 한다.

칸타의 할머니
사츠키 가족이 사는 집을 관리해 주는 할머니. 사츠키와 메이를 따뜻하게 보살펴 준다.

엄마 쿠사카베 야스코
몸이 약해서 시치코쿠야마 병원에 입원해 있다.

아빠 쿠사카베 타츠오
고고학을 연구하는 학자이자 대학에서 학생들을 가르치는 교수님.

칸타
이웃집 소년. 사츠키와 같은 반 학생.

토토로와 친구들

아득한 옛날부터 숲에 살고 있는 생물로,
보통은 사람들 눈에 보이지 않습니다.
낮에는 낮잠을 자거나 도토리를 먹으면서 즐겁게 지내고 있습니다.
달이 뜬 밤에 나무 위에서 오카리나 부는 걸 좋아합니다.

작은 토토로

중간 토토로

큰 토토로

폭신폭신한 둥근 몸에
동그란 눈과 커다란 입,
뾰족한 발톱이 특징.
키는 약 2미터.

숯 검댕이

아무도 없는 집에서 솟아나
집안을 온통 검댕과
먼지투성이로 만든다.
생글생글 웃고 있으면
나쁜 짓은 하지 않는다.
사츠키와 메이는
'동글이 검댕먼지'라고
부른다.

고양이 버스

토토로와 친구들이
타는 버스. 12개의 다리로,
땅 위는 물론이고 하늘과
물 위에서도 바람처럼
빨리 달릴 수 있다.

동글이 검댕먼지 이리 나와라!

사사사사삭……! 뒷문을 연 순간, 새카만 덩어리들이 순식간에 도망치는 게 아니겠어요? 사츠키와 메이는 깜짝 놀랐습니다!
"아빠, 여기에 뭐가 있어요!"
그러자 아빠인 타츠오는 고개를 끄덕이며 말했습니다.
"아마 동글이 검댕먼지일 거야."
동글이 검댕먼지라면 두 사람도 그림책을 봐서 알고 있습니다.
♪동글이 검댕먼지, 이리 나와라! 안 나오면 발바닥 간지럽힌다~♪
두 사람은 무척 즐거워서 웃음을 터뜨렸습니다. 그러곤 2층 창문을 열기 위해 2층으로 올라갔습니다. 계단 끝은 캄캄했습니다. 그때, 아무것도 없는 2층에서 **도토리** 하나가 툭 떨어졌습니다. 동글이 검댕먼지 짓일까요? 마음을 단단히 먹고 계단을 올라갔더니, 어라라? 역시 2층에는 아무것도 없는 것 같습니다. 사츠키는 서둘러 창문을 열

울퉁불퉁한 길을 파란색 삼륜 트럭이 달리고 있습니다. 오늘은 사츠키네 가족이 이사 가는 날입니다. 사츠키와 메이는 짐칸에서, 책이 잔뜩 든 책상 밑에 앉아 있습니다. 캐러멜을 먹으면서 짐칸 밖으로 얼굴을 내밀자, 눈앞에는 논과 밭, 한가로운 시골 풍경이 펼쳐졌습니다.
"얘들아, 도착했어."
작은 다리를 건너고 나무 터널을 지나자 새빨간 지붕을 단 낮은 집이 나타났습니다.
"으아! 낡았다!"
"**귀신의 집** 같아!"
문득 올려다보자 집의 지붕보다 더 높은 커다란 나무가 있었습니다. 거대한 녹나무입니다.

고 방에 햇빛을 받아들였습니다.

다음 순간! 메이의 눈에 검은 물체가 벽 속으로 사라지는 게 보였습니다. 사츠키가 1층으로 내려간 다음에도 메이는 벽을 뚫어지게 노려보았습니다. 빈틈에 손가락을 넣은 순간, 이번에는 새카만 덩어리가 튀어나오는 게 똑똑히 보였습니다. 둥실둥실 떨어진 한 마리를 두 손으로 재빨리 잡은 메이! 빨리 언니한테 보여 줘야겠죠!

서둘러 1층으로 내려온 메이는 커다란 엉덩이에 부딪혔습니다! 이웃집 할머니가 도와주러 와 있었던 것입니다. 할머니는 사츠키와 메이의 손과 발이 새카만 것을 보고 "숯검댕이가 나왔구나." 하고 알아맞혔습니다.

"그냥 생글생글 웃고 있으면 못된 짓을 하지 않고, 어느새 어딘가로 사라진단다."

사츠키와 메이는 지금쯤 천장 안쪽에서 '우리도 이사 가야 하나?' 하고 의논하고 있을 숯 검댕이(동글이 검댕먼지)를 상상해 보았습니다.

일한 다음에 먹는 팥떡은 최고야!

이웃집 할머니가 도와주셔서 이삿짐 정리는 착착 진행됐습니다.

그릇를 정리하기 위해 부엌에 간 사츠키는 입구에서 남자아이를 발견했습니다. 남자아이는 이웃집 할머니의 손자인 칸타! 일할 때 새참으로 먹으라며 팥떡을 가져다주었습니다. "자!" 칸타는 떡이 담긴 나무통을 퉁명스럽게 내밀더니 마당으로 뛰어나가 "메롱! 너희 집, 밤에 귀신 나오지롱!" 하며 놀리기 시작했습니다. 사츠키도 지지 않고 "메롱!"이라고 했습니다!

대강 정리가 끝나자 일행은 팥떡과 차를 마시면서 잠시 쉬기로 했습니다. 무례한 칸타를 보고 발끈했던 사츠키도 팥떡을 먹으며 함박웃음을 지었습니다.

그날 밤, 사츠키와 메이가 아빠와 즐겁게 목욕을 하는 사이에, 천장 안쪽에서는 숯 검댕이들이 대이동을 하기 시작했습니다. 둥실둥실 허공을 날아서 **녹나무 숲**으로 이사를 간 것입니다.

이사 날의 캐러멜

크림처럼 부드러운 캐러멜.
고급스러운 달콤함과 밀크의
풍미가 입안 가득히 퍼집니다.
얼음물을 이용해 적당한
타이밍을 확인하는 게 포인트!

새집은 바로 저기란다!

짐칸에서 사츠키가 조수석에 앉은 아빠한테 캐러멜을 주었습니다. 아빠는 "힘들지? 이제 거의 다 왔단다."라고 말했지만, 사츠키와 메이는 기운이 넘쳤습니다.

이사 날의 캐러멜

레벨 🌰🌰🌰

재료 (12.5×10cm 트레이 하나 분량)

A 그래뉼러당 …… 120g
　우유 …… 100ml
　버터(무염) …… 15g
　소금 …… 한 꼬집
생크림 …… 200ml

1 냄비에 A를 넣고 불을 켠 다음, 나무주걱으로 저으면서 녹인다.

3 나무주걱으로 저으면서 계속 조리면 황토색으로 변하면서 걸쭉해진다.

2 생크림을 넣고, 가끔 저으면서 약불에서 조린다.

4 얼음물에 떨어뜨려서 곧바로 부드럽게 굳으면 OK! 굳지 않고 퍼지면 더 조린다.

5

쿠킹 시트를 깐 트레이에 부은 뒤, 냉장고에서 3시간쯤 식혀서 굳힌다(잘 굳지 않으면 쉽게 자를 수 있도록 냉동실에서 식힌다).

6

완전히 굳으면 트레이에서 쿠킹 시트를 떼어 낸다.

8×8cm 정도로 자른 쿠킹 시트로 캐러멜을 하나씩 싸면, 캐러멜끼리 달라붙지 않아서 좋다. 강력 추천!

7

칼로 2cm 정도 크기로 자른다.

Point!

한 개 자를 때마다 칼을 따뜻한 물에 넣었다 빼면, 캐러멜이 달라붙지 않아서 깨끗하게 자를 수 있다.

할머니네 집에서 만든 팥떡

냄비 안에서 천천히 보글보글.
팥의 단맛을 끌어내는 비결은 시간을 오래 들여 정성껏 만드는 것.
이사하느라 지친 사츠키와 메이를 위로해 주는, 따뜻한 마음이 배어 있는 팥떡입니다.

칸타가 가져온 것은?

"우, 우리 엄마가 갖다주래……."
나무통 안에 들어 있는 게 뭔지도 말하지 않고 도망치는 칸타. 나무통 안에는 맛있는 팥떡이 가득 들어 있었습니다.

툇마루에서 먹습니다!

칸타가 가져온 팥떡을 하얀 접시에 듬뿍 담았습니다. 맛있게 먹는 사츠키와 메이한테 "많이 먹으렴." 말하며, 할머니는 눈을 가늘게 뜨고 미소를 지었습니다.

남자애들은 싫어요!
하지만 할머니 댁에서 가져온 팥떡은 너무너무 좋아요!

찹쌀로 만든 팥떡

레벨

재료 (만들기 쉬운 분량)

팥은 씻어서 3시간 정도 물에 불려 둔다!

팥 ······ 250g
설탕 ······ 300g
찹쌀 ······ 360ml(2홉)
소금 ······ 두 꼬집

1

물에 불려 두었던 팥과 물 1ℓ를 냄비에 넣고 강불에서 끓인 뒤, 보글보글 끓으면 뚜껑을 덮고 중불로 해서 완전히 익을 때까지 30분 정도 삶는다.

2

불을 끄고 3~4시간 놔두어서 팥에 수분을 흡수시킨다.

3

다시 불에 올린 뒤, 설탕 120g을 넣고 20분간 끓인다. 거품이 생기면 떠내고, 수분이 줄어들면 팥이 완전히 잠길 정도로 물을 추가한다.

4

설탕 120g을 넣어서 15분간 끓인 다음, 소금을 넣고 냉장실에 넣어서 하룻밤 재운다.

5

❹를 불에 올리고 설탕을 60g 넣어서 수분이 없어질 때까지 조린다.

6 찹쌀을 씻어서 소쿠리에 넣어 물기를 뺀 뒤, 밥솥에 넣어 2의 눈금까지 물을 넣고 1시간 불리고 나서 밥을 짓는다.

7 밥이 지어지면 절구나 볼에 넣고 나무공이로 찧는다.

8 30g 정도씩 나눠서 타원형으로 만들어 랩으로 감싼다(콩가루 떡은 한 개에 60g 정도).

9 팥소는 60g씩 랩으로 싼 뒤, 랩을 펼쳐서 팥소 위에 랩을 한 장 올리고 위에서 눌러서 넓게 편다.

10 팥소의 한가운데에 ❽을 올린 뒤, 팥소를 늘리면서 둥글게 감싼다.

콩가루 떡도 만들어 보자!

찹쌀 반죽을 60g 정도씩 둥글게 말았다가 펼친 뒤, 한가운데에 동그랗게 만든 팥소 30g을 올리고 감싸서 콩가루를 묻힌다.

갈 도시락을 만들기 위해서죠. 물론 메이와 아빠의 식사를 챙기는 것도 잊지 않습니다. 밥과 된장국의 구수한 냄새가 코끝을 스칩니다! 맛있는 도시락 세 개도 완성되었습니다.

메이, 신비한 생물을 만나다!

사츠키가 학교에 가자 집에는 메이와 아빠만 남았습니다. 메이는 마당을 탐험하기 시작했습니다.
"찾~았~다!"
여기저기에 떨어진 도토리를 정신없이 줍는 메이의 눈앞으로 하얗고 살짝 투명한 **신비한 생물**이 아장아장 걸어서 지나갔습니다. 뭐지? 메이는 잠시도 망설이지 않고 쫓아갔습니다. 하얀 생물이 마루 밑으로 도망쳐도 메이는 포기하지 않았습니다. 가만히 지켜보고 있자 메이의 뒤쪽에서 살~금 살~금. 이번에는 두 마리! 다시 술래잡기가 시작됐습니다.
메이가 두 마리의 뒤를 쫓아서 도착한 곳은 커다란 나무 밑이었습니다. 문득 발밑을 보았더니, 나무에 시커먼 구멍이 뚫려 있는 게 아니겠어요?
"으악~~~~~!"

오늘은 사츠키와 메이가 아빠를 따라서 엄마의 병문안을 갔습니다.
"다들 와 줘서 정말 기쁘구나. 새집은 어떠니?"
사츠키가 엄마한테 귓속말을 하자 엄마의 얼굴이 환하게 빛났습니다.
"뭐? 귀신의 집? 빨리 퇴원해서 나도 귀신을 보고 싶구나."
엄마도 귀신을 좋아한다는 사실을 알고, 사츠키와 메이는 활짝 웃었습니다. 그리고 나자, 엄마와 같이 지낼 날이 더욱 애타게 기다려졌습니다.
아침이 밝자, 사츠키는 아빠를 깨우고 부엌으로 향했습니다. 아침밥과 학교에 가져

데굴데굴데굴, 털썩! 메이가 떨어진 곳은 놀랍게도 신비한 곳이었습니다. 나무 안인데도 빛이 잔뜩 들어와서 풀과 나무들이 반짝반짝 빛나고 있었습니다. 더구나 옆을 쳐다보니 복슬복슬한 털북숭이가 있었습니다.

"넌 누구야?"

"토, 토우, 보로로로로~오!"

커다란 입, 나지막한 목소리! 털북숭이 입에선 엄청난 바람이 흘러나왔습니다.

메이도 흉내를 내서 크게 울부짖었습니다.

"크아~~~~~!"

그러자 신비한 생물은 눈을 동그랗게 뜨더니, 이번에는 작은 목소리로 "보보로로~~" 하고 말했습니다.

"토토로……? 네 이름이 토토로야?"

메이가 코밑을 다정하게 쓰다듬어 주었더니 토토로는 기분 좋은 듯 눈을 감고 새근새근 잠들었습니다. 메이도 눈꺼풀이 무거워져서 어느새 깊은 잠에 빠졌습니다.

숲의 주인에게 인사. 또 만날 수 있기를

"메이! 메이, 일어나!"

사츠키는 숲에서 잠든 메이를 발견하고 한숨을 쉬었습니다. 학교에서 돌아왔더니 메이가 없어져서 찾으러 나온 것입니다.

"토토로는? 어? 어디 갔지?"

잠에서 깬 메이는 두리번두리번 주변을 둘러보았습니다. 그때 아빠도 메이를 발견하고 가까이 다가왔습니다. 메이는 토토로를 만났다고 말했지만, 아무리 찾아도 토토로도 신비한 나무 구멍도 없었습니다.

울음을 터트릴 것 같은 메이를 보면서 아빠가 다정하게 말했습니다.

"메이는 분명히 이 **숲의 주인**을 만났을 거야. 그건 아주 운이 좋은 일이란다."

그러곤 메이를 목말 태우더니, "아직 인사 안 했지? 숲의 주인을 향해서 출발!" 하고 걷기 시작했습니다. 경사가 급한 계단을 올라갔더니 메이가 아까 본 커다란 녹나무가 보였습니다. 하지만 분명히 뚫려 있던 구멍은 어디에도 없었습니다. 세 사람은 녹나무 앞에 나란히 서서 숲의 주인에게 인사를 했습니다.

"메이를 돌봐 주셔서 고맙습니다! 앞으로도 잘 부탁합니다."

푸성귀는 큼지막하게 싹둑싹둑 썰어서 아삭한 식감을 남깁니다. 예쁜 초록색으로 바뀌면 곧바로 된장을 넣습니다. 따뜻한 된장국을 한 모금 마시면, 아직 잠이 덜 깬 몸에도 힘이 솟구칩니다!

아침 된장국

레벨

재료 (3~4인분)

가다랑어포 …… 30g
다시마 …… 5cm 길이 1개
소송채 …… 2포기

유부 …… 1장
된장 …… 2와 1/2큰술

1 냄비에 물 1ℓ와 다시마를 넣고 1시간 정도 놔둔다. 불에 올리고 물이 끓으면 다시마를 꺼낸다.

4 소송채는 5cm 길이로 자른다. 유부는 짧은 쪽을 절반으로 잘라서, 1cm 폭으로 자른다.

2 가다랑어포를 넣고 끓으면 약불로 해서 3분 정도 끓인다.

5 냄비에 ❸의 육수를 넣고 불에 올린 뒤, 끓으면 소송채와 유부를 넣는다.

3 볼에 소쿠리를 놓고 ❷를 따라서 건더기를 걸러 낸다.

6 소송채가 예쁜 초록색으로 변하면 된장을 풀고 불을 끈다.

냄비 옆에서는 이제 곧 밥이 지어질 것 같아요. 맛있는 냄새가 부엌에 둥실둥실 떠다닙니다.

밥상에 둘러앉아 잘 먹겠습니다!

오늘은 사츠키가 도시락을 싸서 학교에 가는 첫날! 자기 도시락뿐만 아니라 아빠와 메이의 도시락도 같이 준비했습니다. 아침을 먹고 있을 때, 밖에서 사츠키를 부르는 힘찬 목소리가 들립니다. 벌써 친구가 생긴 모양입니다. 사츠키는 밥과 된장국을 급히 먹고, 서둘러 밖으로 뛰어나갔습니다.

걱정하지 마! 메이랑 아빠 것도 만드니까.

사츠키가 만든 도시락

새콤한 매실장아찌에 부슬부슬한 사쿠라덴부*,
달콤한 완두콩에 고소한 정어리.
맛있는 반찬을 올리면 보기에도 예쁜 도시락이 완성됩니다!

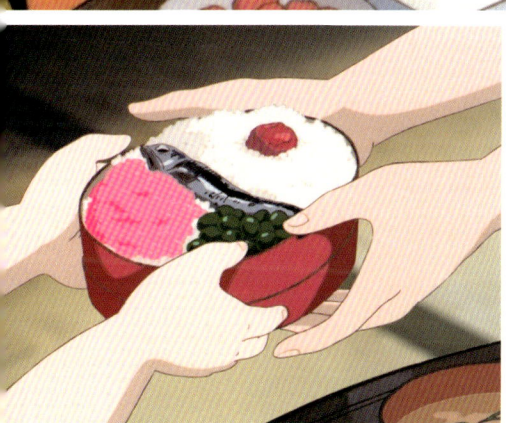

밥을 가득 담은 도시락통에 반찬을 올리면 완성됩니다. "도시락 뚜껑은 네가 닫아." 완성된 도시락을 받고 기쁜 얼굴로 바라보는 메이. 몹시 행복해 보입니다.

*사쿠라덴부 : 분홍색 빛깔이 나는 일본식 고명.

정어리

머리부터 꼬리까지 통째로 먹을 수 있는 생선입니다.
씹을 때마다 감칠맛과 고소함이 입안 가득히 퍼집니다.

레벨

재료 (3인분)

정어리류의 작은 생선을 소금에 절여서, 몇 마리씩 짚이나 대꼬챙이에 꿰어서 말린 거야!

정어리 …… 3~4마리
식용유 …… 약간

\ 석쇠에 구울 때 /

1 키친타월로 석쇠에 식용유를 얇게 바르고 중불에 올려서 가열한다.

\ 프라이팬에 구울 때 /

프라이팬에 실리콘 가공이 돼 있는 알루미늄 포일을 깔고 정어리를 늘어놓은 뒤, 중불로 앞쪽과 뒤쪽을 노릇노릇하게 굽는다.

2 정어리를 늘어놓고 노릇노릇해질 때까지 굽는다.

생선 그릴에도 OK!

껍질이 석쇠에 달라붙지 않도록 중불로 미리 그릴을 데우고 나서 정어리를 올리는 것이 포인트. 중불로 앞쪽과 뒤쪽을 적당히 구우면 완성!

3 뒤집어서 뒤쪽도 노릇노릇해질 때까지 굽는다.

사쿠라덴부

김밥이나 치라시즈시*에서 흔히 보았던 사쿠라덴부는 부슬부슬한 식감과 달콤하고 부드러운 맛으로 인기가 있는 식재료입니다.
삶은 흰살생선의 살을 볶은 다음에 분홍빛으로 살짝 색을 들입니다.

*치라시즈시: 식초로 양념한 밥 위에 다양한 재료를 올린 음식.

레벨

재료 (만들기 쉬운 분량)

도미 살 …… 2조각(200g)
A 소금, 술 …… 각각 조금
붉은색 식용 물감 …… 아주 소량
B 설탕 …… 2큰술
  술, 미림 …… 각각 1큰술
  소금 …… 두 꼬집

1 냄비에 물을 끓인 뒤 A를 넣고 도미를 익힌다.

2 도미 살의 색이 달라지고 완전히 익으면 트레이나 접시에 꺼낸 뒤, 껍질과 뼈를 제거하고 손으로 잘게 자른다.

3 티스푼 1/2 정도의 물에 식용 물감을 넣어서 잘 섞는다.

4 냄비, 또는 프라이팬에 잘게 자른 도미와 B를 넣고 나무 주걱으로 섞으면서 볶는다.

5 수분이 없어지면 ❸을 넣어서 색을 들인다.

삶은 완두콩

약불에 보글보글 끓여서
따뜻하고 부드럽게 만듭니다.
레시피대로 삶아도 심이 남아 있을 때는 물을 더한 뒤,
상태를 보면서 삶는 시간을 늘리면 됩니다.

레벨

재료 (만들기 쉬운 분량)

완두콩(건조) ····· 100g
그래뉼러당 ····· 120g
소금 ····· 두 꼬집

1 완두콩을 씻어서 6~7시간 이상 물에 불린다.

2 냄비에 ❶과 물 400ml를 넣고 불에 올린 뒤, 끓으면 불을 약하게 줄인다. 거품이 생기면 떠낸다.

3 거품을 떠내서 수분이 줄어들면 콩이 잠길 정도까지 물을 더한다.

4 뚜껑을 덮고 부드러워질 때까지 40분 정도 삶는다.

5 뚜껑을 덮은 채 냉장실에 넣어서 하룻밤 재운다. 오랫동안 놔두어서 콩이 수분을 흡수하면 부드럽게 부풀어 오른다.

6 냄비를 불에 올리고 그래뉼러당을 두번에 나누어 넣은 뒤, 소금을 넣어서 수분이 없어질 때까지 삶는다.

질냄비로 지은 윤기가 자르르한 밥

사츠키는 솥에 밥을 지었지만, 여기에서는
질냄비로 밥 짓는 방법을 소개하겠습니다.
김이 날 때를 기준으로,
불을 잘 조절하는 것이
맛있는 밥을 지을 수 있는 포인트입니다.

레벨

 (3~4인분)

쌀 …… 360ml

1

볼에 쌀을 넣고 물을 부어 2~3번 휘젓고 곧바로 물을 버린 뒤, 손가락으로 살살 씻는다. 물을 넣고 2~3번 휘저어서 탁한 물이 나오면 버린다. 물이 투명해질 때까지 이것을 2~3번 반복한다.

2

소쿠리에 넣어서 물을 뺀다.

3

물 360ml를 넣어서 30분 정도 쌀을 불린다.

4

❸을 질냄비에 넣고 중불~강불에 끓인다.

보글보글

5

하얀 김과 보글보글 거품이 나면 약불로 해서 10분간 가열한다.

6

불을 끈 상태에서 그대로 10분간 뜸을 들인다.

쿠사카베네 집의 부엌과 조리도구

이쪽은 **거실** →

식사가 준비되면 유리문을 열고 거실로! 식사는 물론이고 사츠키가 아빠의 귀가를 기다리면서 숙제를 하는 곳이기도 합니다.

수동 펌프와 개수대

손잡이를 위아래로 움직이면 우물물이 나옵니다. 개수대에선 채소나 그릇도 씻지만 세수도 합니다. 창가에는 칫솔과 컵도 놓여 있습니다.

일반 가정에 전기와 가스가 들어오기 전의 부엌입니다

집 뒤쪽의 토방이 사츠키네 집의 부엌입니다. 퀴퀴한 먼지 냄새가 나고 텅 비었던 부엌은 이사한 날 밤에 식기와 조리도구, 온갖 조미료를 갖다 놓자 사용하기 편하게 바뀌었습니다.

신발을 신고 들어가는 토방이지만, 조리대 밑에는 대나무발이 깔려 있어서, 신발을 벗고 요리할 수 있습니다.

창가에는 개수대와 수동 펌프, 고기나 생선, 채소를 자르는 조리대가 나란히 있습니다. 개수대와 조리대 밑에는 조미료 병과 술병이 옹기종기 놓여 있습니다.

이쪽은 **욕탕**. ←

부엌 안쪽에는 물색 타일의 욕탕이 있습니다. 목욕물은 장작으로 데웁니다. 사츠키가 마당에서 가져온 마른 나뭇가지를 넣고 부채질을 하면서 불을 지피고 있습니다.

사츠키와 아빠가 매일 요리하는 부엌입니다. 어떤 도구를 사용하는지 하나씩 살펴봅시다!

냄비와 소쿠리는 선반에 수납

소쿠리와 절구, 커다란 냄비 등은 조리대 위쪽 선반에 놓아둡니다. 그 밑에는 철사를 묶어서 행주와 수건을 걸고, 못을 박아서 국자 등을 매달아 놓았습니다. 사용하기 편하게 되어 있네요.

아궁이

가스나 전기가 아니라 장작을 지펴서 사용하는 아궁이. 장작이 타면서 나오는 연기는 굴뚝으로 나갑니다.

풍로는 뒷마당에!

생선이나 떡을 구울 때 필요한 것이 바로 풍로입니다. 메이도 정어리를 구울 때 도와줍니다. 연기가 나기 때문에 뒷마당에서 부채로 부치면서 굽습니다.

그날은 오후부터 비가 왔습니다. 사츠키와 메이는 거실에서 전병을 먹으면서 아빠가 오기를 기다렸습니다.

"아빠가 우산을 안 가져가셨는데……."

비가 오는데 우산이 없으면 온몸이 젖게 됩니다. 두 사람은 버스 정류장까지 아빠를 마중 나가기로 했습니다.

그런데 한참을 기다려도 아빠가 탄 버스는 오지 않았습니다. 가만히 서 있는 사이에 메이는 꾸벅꾸벅 졸기 시작하더니, 서 있기 힘들 정도로 졸려 했습니다. 사츠키는 할 수 없이 메이를 업고 버스를 기다렸습니다.

이상하고 음침하고 즐거운 버스 정류장에서의 만남

바로 그때였습니다. 저벅, 저벅, 저벅……. 뭔가 다가오는 발소리가 들리는 게 아니겠어요? 우산에 가로막혀서 잘 보이지 않았지만 털이 북실북실한 큼지막한 발이 보였습니다. 살며시 고개를 들고 쳐다보자 바로 눈 앞에! 동그란 눈에 푹신푹신한 회색 털, 배는 하얗고 수염은 긴…… 토토로가 있었습니다! 이파리를 머리에 톡 올린 토토로가 사츠키 옆에 서 있는 게 아니겠어요?

"잠깐만, 이거 빌려줄게."

사츠키는 비를 맞고 있는 토토로에게 우산을 펼쳐서 내밀었습니다.

투둑투둑! 타다다다닥!

토토로는 빗방울이 우산에 떨어지는 소리가 마음에 든 모양입니다. 토토로가 쿵 하고 힘차게 점프를 하자, 땅이 흔들리고 주변 나무에서 빗물이 폭포처럼 떨어졌습니다. 토토로가 좋아하면서 큰 소리를 지르자, 그 소리를 듣고 메이가 눈을 떴습니다.

다음 순간, 길 건너편에서 버스의 불빛이 보였습니다. 어? 버스가 조금 특이했습니다. 버스 정류장에 멈춘 것은 고양인가요? 버스인가요?

사츠키와 메이가 눈을 동그랗게 뜨고 쳐다보자 토토로가 두 사람에게 **작은 보따리**를 내밀었습니다. 우산을 준 것에 대한 보답일까요? 위잉! 고양이버스의 문이 열리고, 토토로는 우산을 쓴 채 버스에 올라탔습니다. 손님을 태운 고양이버스는 눈 깜짝할 사이에 전속력 전진! **바람처럼** 빨리 달려갔습니다. 어느새 비는 완전히 그쳤습니다. 사츠키와 메이의 아빠를 태운 버스도 도착했습니다.

"만났어요! 토토로를 만났어요!"

토토로와 같이 바람이 된 보름달 밤

토토로가 준 보따리 안에는 도토리와 나무 열매가 잔뜩 들어 있었습니다. 마당에 뿌리면 멋진 숲이 될지도 모릅니다. 그런데 언제쯤이면 싹이 나올까요? 메이는 빨리 그때가 오기를 간절히 바랐습니다.

달빛이 아름다운 어느 날 밤. 사츠키는 묘한 기척을 느끼고 잠에서 깼습니다. 마당을 보니 도토리밭 주변에서 토토로와 친구들이 뛰고 있었습니다. 사츠키와 메이는 맨발로 뛰어나갔습니다. 토토로가 힘을 주어 몸을 쭉 펴자 **뽕! 뽀뽕!** 하고 밭에서 잇달아 싹이 나왔습니다. 그리고 쑥쑥, 불쑥불쑥, 눈 깜짝할 사이에 줄기를 뻗고 잎이 무성해지면서 하늘을 뒤덮을 만큼 커다란 나무가 되었습니다.

토토로가 팽이를 휘잉! 던졌습니다. 중간 토토로, 작은 토토로가 큰 토토로한테 매달린 것을 보고, 메이도 토토로의 배에 매달렸습니다. 토토로가 팽이 위로 훌쩍 올라타자 사츠키도 토토로의 배에 매달렸습니다. 토토로가 두 팔을 펼친 순간, 팽이가 두둥실 하늘 높이 날아올랐습니다.

"메이, 우리는 지금 바람이 되고 있어!"

다음날 아침, 두 사람이 눈을 뜨자 커다란 나무는 없어졌습니다. 하지만 도토리밭을 자세히 살펴보니 여기저기에서 작은 싹이 고개를 내밀고 있는 게 아니겠어요?

"꿈이지만 꿈이 아니었어!"

사츠키와 메이는 몹시 흥분하며 뽕뽕 뛰어올랐습니다.

토토로와 도토리 나무 열매

일본에는 도토리가 열리는 나무가 많이 있습니다. 아무래도 토토로는 도토리를 매우 좋아하는 것 같습니다! 도토리는 토토로를 만나는 길잡이이기도 합니다.

처음 이사 온 날, 집 여기저기에서 도토리 발견!

방 안에 떨어져 있거나 복도 천장에서 떨어지거나 계단에서 굴러내리거나! 한동안 아무도 살지 않은 집 여기저기에 도토리가 있었습니다. 도토리를 좋아하는 다람쥐나 생쥐라도 있는 걸까요?

중간 토토로가 어깨에 멘 주머니에서 도토리가 또르르……!

중간 토토로가 어깨에 멘 주머니에 뚫린 작은 구멍에서 도토리가 떨어집니다. 그걸 본 메이가 쫓아가자 필사적으로 도망치는 사이에도 다시 도토리가 또르르……!!

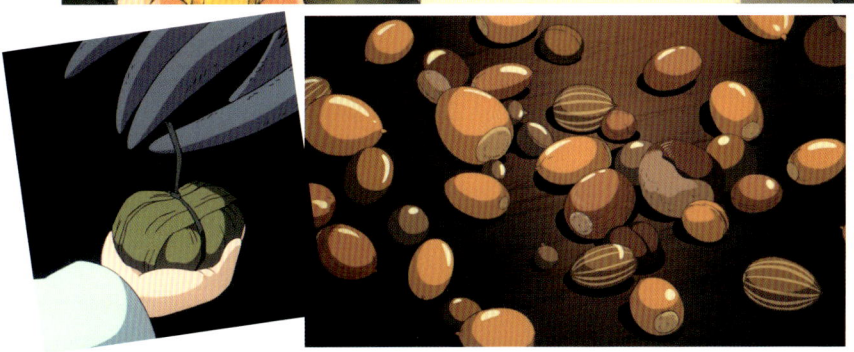

토토로가 준 보따리에는 이런저런 나무 열매가!

조릿대 잎으로 감싸고 용의 수염으로 묶은 작은 보따리. 활짝 펼쳤더니 안에는 모양도 크기도 제각각 다른 도토리와 나무 열매가 잔뜩 들어 있었습니다. 사츠키와 메이는 마당에 뿌리기로 했습니다.

도토리 밭에서 잇따라 싹이 나와서 쑥쑥 성장!

밭 주변을 아장아장 걷거나 휘익 뛰어넘거나 몸을 숙이거나 쭉 뻗거나! 토토로들의 신비한 움직임을 따라 도토리가 싹을 틔웠습니다.

아자자자!

뽕!

뽕!

보물 상자 같은 할머니네 밭

이웃집 할머니네 밭에서 난 채소들은 햇빛을 듬뿍 받고 자란 데다, 금방 따고 금방 캐서 무척 신선하고 맛있습니다. 사츠키와 메이도 정신없이 먹습니다.

커다란 나무 밑에 돗자리를 깔고 잠시 쉬기로 합니다! 바구니 안에는 토마토와 오이, 가지, 옥수수 등 알록달록한 여름 채소가 가득 담겨 있습니다.

지하수에 담가서 차갑게 하면 뜨거워진 몸을 식혀 주는 상큼한 여름 간식이 됩니다. 마치 천연 냉장고 같습니다!

맛있는 채소를 구분하는 방법

신선하고 맛있는 채소를 고르는 팁을 소개합니다!

옥수수

수염이 갈색이고 풍성할수록 알맹이가 촘촘히 박혀 있다! 금방 수확하면 껍질이 예쁜 초록색이다. 껍질이 붙어 있는 채로 구입하자.

〈맛있는 계절〉 5~8월경
〈보관 방법〉 딴 상태로 놔두면 점점 단맛이 없어진다! 잘 삶은 다음에 랩으로 싸서 냉장실에 넣어 둔다. 알갱이만을 떼어서 냉동해 두면 편리하게 사용할 수 있다.

토마토

둥글고 묵직하며 꼭지가 잘 붙어 있고 마르지 않은 것이 좋다. 엉덩이에 방사형 줄기가 있는 것은 달콤함이 듬뿍!

〈맛있는 계절〉 4~6월경, 9~11월경
〈보관 방법〉 랩으로 꼼꼼히 싸든지 폴리백에 넣은 뒤, 꼭지를 밑으로 해서 냉장실에 보관.

가지

둥근 가지, 길쭉한 가지, 미국가지 등 품종이 다양하다. 꼭지의 가시가 깔끄럽고 껍질에 윤기와 탄력이 있는 것이 신선하다.

〈맛있는 계절〉 6~9월경
〈보관 방법〉 폴리백에 넣어서 냉장고 채소칸이나 서늘한 곳에 보관한다. 되도록 빨리 먹는다.

줄기콩

키우는 도중의 콩을 깍지째 수확한 것. 가늘고 똑바로 뻗어 있으며 밝은 초록색을 띠고 있는 것이 신선하다!

〈맛있는 계절〉 6~9월경
〈보관 방법〉 폴리백에 넣어서 냉장고 채소칸에 넣어 두고 되도록 빨리 먹는다.

오이

표면의 가시를 만졌을 때 따끔한 것이 신선하고 맛있다. 굵기가 일정하면 구부러져도 맛은 똑같다. 몸의 열을 낮춰 주는 효과가 있다.

〈맛있는 계절〉 5~9월경
〈보관 방법〉 폴리백에 넣든지 랩으로 감싸서 냉장고 채소칸에 넣어 둔다.

채소가
더 좋아진다!

간단한 준비 & 조리법

옥수수

전자레인지로 가열해서 단맛을 가둬 둔다.

껍질째 랩으로 꼼꼼하게 감싸서

⬇

전자레인지에서 하나에 4~5분 가열

껍질째 가열하면 수분의 증발을 막아서 촉촉하고 탱글탱글하게 익는다. 그대로 먹어도 맛있고, 프라이팬이나 그릴에 구워서 간장을 발라 먹어도 맛있다!

토마토

열탕을 해서 껍질을 벗기면 훨씬 부드러워진다.

엉덩이에 칼로 십자 자국을 넣고

⬇

팔팔 끓는 물에서 10초 정도 재빨리 데친다.

찬물에 담그면 잘린 자국을 통해 깨끗하게 껍질을 벗길 수 있다. 그러면 샐러드나 볶음 요리를 했을 때도 껍질이 남지 않고 식감도 훨씬 부드러워진다.

맛있게 조리하기 위한 비결을 배워서, 채소의 단맛과 향을 끌어내자!

오이

나무공이로 두들겨서 부드럽게 만들면 조미료가 잘 밴다.

밀폐 봉지에 넣고 나무공이로 두들긴다.

조미료를 넣는다.

나무공이로 두들기면 섬유질이 부서져서 맛이 잘 밴다. 칼로 자른 것과는 식감이 달라서 재미있다. 소금이나 간장, 맛간장 등 자신이 좋아하는 조미료로 맛을 내 보자.

줄기콩

소금+식용유를 넣고 삶으면 색깔이 선명해진다.

소금과 올리브유를 넣은 뜨거운 물에 삶아서

소쿠리에 건져서 식힌다.

초록색이 선명해지면 다 익은 것이다. 식용유를 조금 넣고 삶으면 시간이 지나도 윤기가 있고 풍미도 좋다. 소송채나 시금치를 삶을 때에도 강력하게 추천하는 방법이다.

가지

소금물에 담갔다가 요리를 하면 기름을 지나치게 많이 흡수하지 않는다.

자른 가지를 소금물에 담그고 나서

볶거나 튀긴다.

가지에 수분을 충분히 흡수시키고 나서 조리하면 기름을 줄일 수 있다. 기름이 튀지 않도록 물에 담근 다음엔 키친타월로 물기를 잘 닦고 나서 조리하자.

시치코쿠야마 병원으로!

사츠키와 메이는 오늘 이웃집 할머니네 밭일을 도와주기로 했습니다.

"햇살을 많이 받고 자란 게 몸에도 좋단다. 할머니 밭에서 자란 채소를 먹으면, 너희 엄마도 금방 기운이 날 게야."

주말에는 두 사람의 엄마가 집에 올 예정입니다. 메이는 직접 수확한 옥수수를 엄마한테 주려고 열심히 땄습니다.

그때, 칸타가 시치코쿠야마 병원에서 온 전보를 가지고 달려왔습니다. 사츠키는 전화를 빌리기 위해 칸타의 친척 집으로 갔습니다. 전보의 내용을 아빠에게 알려 주기 위해서죠.

옥수수를 품에 안고! 메이의 결심

병원에서 온 연락은 엄마의 몸 상태가 좋지 않아서 집에 가는 날을 연기한다는 것이었습니다. 그 말을 들은 메이는 실망하면서 "싫어!"라고 떼를 쓰고 고집을 부렸습니다. 사츠키는 발끈해서 자기도 모르게 메이를 혼냈습니다!

"이 바보야! 그럼 나더러 어쩌란 거야!"

잠시 뒤에 이웃집 할머니가 상황을 보러 왔습니다. 위로해 주는 할머니의 말에 사츠키의 눈에서 눈물이 흘러넘쳤습니다.

"지난번에도 그랬어요, 잠깐 입원하는 것뿐이라고. 감기 같은 거라고. 엄마가 돌아가시면 어떡하죠……?"

평소에 냉정한 사츠키가 큰 소리로 울음을 터트리는 모습을, 메이가 옥수수를 껴안은 채 물끄러미 바라보았습니다. 그리고 뭔가를 결심한 것처럼 입을 꼭 다물더니, 어디론가 쏜살같이 달려갔습니다.

길 잃은 메이, 어디로 갔지?

메이가 없어진 것을 알아차린 건 이미 해가 기울기 시작한 무렵이었습니다.

"메이가 엄마 병원에 간 게 아닐까요?"

사츠키는 시치코쿠야마 병원을 향해 달리

기 시작했습니다. 하지만 가는 도중에 만난 사람에게 물어봐도, 메이를 봤다는 사람은 아무도 없었습니다.

어찌할 바를 모르는 사츠키를 향해, 칸타가 자전거를 타고 다가왔습니다. 마을에 있는 연못에서 여자아이 샌들을 발견했다는 것입니다. 혹시 메이 샌들이 아닐까……? 사츠키는 발을 동동 구르며 다시 마을로 돌아갔습니다.

할머니가 떨리는 손으로 내민 것은 메이의 샌들이 아니었습니다. 그렇다면 메이는 어디로 간 걸까요?

사츠키는 실낱같은 희망을 품고 토토로한테 부탁하러 달려갔습니다.

수풀 터널로 들어가자 앞쪽에서 붉은 빛이 희미하게 보였습니다. 전속력으로 달려간 사츠키는 나무뿌리에 걸려 넘어지고…… 부우웅! 털썩 떨어진 곳은 토토로의 배 위였습니다.

"메이가 길을 잃었어!"

토토로는, 손으로 얼굴을 가린 채 울음을 터트린 사츠키를 안고 녹나무 꼭대기로 올라갔습니다. 그리고 숨을 잔뜩 들이쉬고 큰 소리를 지르자 멀리 떨어진 곳에서 **고양이버스**가 엄청난 기세로 달려왔습니다. 그러곤 사츠키를 태우고 행선지를 '메이'로 바꾸더니, 숲속도 전깃줄 위도 상관없이 달려서 눈 깜짝할 사이에 메이를 찾아 주었습니다.

"메이!!"

"언니……!!"

고양이버스의 행선지가 다시 빙글 바뀌었습니다. 아무래도 두 사람을 엄마한테 데려다주려는 것 같습니다.

고양이버스는 엄마의 병원이 보이는 소나무 가지에서 멈추었습니다.

"엄마가 웃고 있어."

두 사람은 마음 깊이 안도했습니다. 고양이버스도 히쭉 웃었습니다.

옥수수를 살며시 창가에 놔둔 뒤, 두 사람은 다시 고양이버스를 타고 집으로 돌아왔습니다.

어린이 요리 그림책 오리지널 레시피

간편하게 만들 수 있는 영양밥과 간단한 채소 반찬, 보기에도 귀여운 간식까지, <이웃집 토토로>를 보고 떠올린 맛있는 요리를 만들어 보자!

옥수수밥

옥수수 알갱이가 톡톡 터지는, 여름의 별미인 옥수수밥! 심지에서도 달콤한 물이 쭉쭉 나옵니다.

레벨

재료 (만들기 쉬운 분량)

옥수수 ······ 1개
쌀 ······ 360ml
A 다시마 ······ 5cm 길이 1개
   물 ······ 330ml
   술, 간장 ······ 각각 1큰술
   소금 ······ 1/2작은술

1 옥수수는 절반으로 잘라서, 칼로 알갱이를 깎아 낸다. 심지는 그대로 놔둔다.

2 쌀을 씻어서 소쿠리에 건져 둔다.

3 밥솥에 ❷의 쌀과 A, ❶의 알갱이와 심지를 넣고 밥을 한다.

4 완성! 심지와 다시마를 꺼내고 주걱으로 섞은 뒤, 10분 정도 뜸을 들인다.

그릇에 담아서 먹는다. 옥수수 향과 달콤함이 뭐라고 표현할 수 없을 만큼 좋다!

레벨

재료 (만들기 쉬운 분량)

오이 …… 4개
소금다시마 …… 2작은술
소금 …… 1작은술

오이탕탕이

빙글빙글 돌리면서 칼집을 넣으면 꼬불꼬불 재미있는 모양이 됩니다.
자른 곳에 맛이 스며들기 때문에 단시간에 먹을 수 있습니다!

1
오이는 꼭지를 자르고 길이를 절반으로 잘라서 요리용 젓가락을 끼운다.

2
요리용 젓가락을 잡고 오이를 비스듬하게 빙글빙글 돌리면서 칼집을 넣는다.

3
남은 것도 똑같이 칼집을 넣어서 밀폐봉지에 넣은 뒤, 소금다시마와 소금을 넣고 조물조물한다.

4
10~15분 놔두면 완성! 냉장고에서 1~2일 정도 보관 가능!

레벨

 (2인분)

가지 …… 4개
간장 …… 1과 1/2큰술
가다랑어포 …… 2큰술
샐러드유 …… 4큰술

가지의 거북등구이

가지 껍질에 넣은 칼집이 거북 등딱지 같아서, 이런 이름이 붙었습니다. 몽글몽글 부드러운 식감이 최고!

1 가지는 세로로 절반을 잘라서 껍질에 격자무늬 칼집을 넣은 뒤, 물에 담갔다가 키친타월로 물기를 닦는다.

2 프라이팬에 기름의 절반을 두르고 가열해 ①의 껍질 쪽을 밑으로 해서 구운 뒤, 껍질이 반들반들해지면 뒤집는다.

3 나머지 기름을 넣어서 노릇노릇하고 부드러워질 때까지 굽는다.

4 간장과 가다랑어포를 넣어서 골고루 익힌다.

깜장 카린토 도넛

동그란 도넛에 고소한 흑밀을 걸쭉하게 입혀요.
초코펜으로 눈을 만들면 즐거움이 두 배가 됩니다!

레벨

재료 (10개분)

A
- 박력분 …… 90g
- 베이킹파우더 …… 1/2작은술
- 달걀 …… 1/2개
- 가루설탕 …… 25g

B
- 흑설탕 …… 150g
- 물 …… 1과 1/2큰술
- 레몬즙 …… 1과 1/2작은술

초코펜(하얀색, 검은색) …… 각각 적당량
튀김용 기름 …… 적당량

1 볼에 달걀을 풀어서 체에 거른 가루설탕을 넣고 섞는다.

2 A를 볼에 넣어 주걱으로 섞은 뒤, 볼에 묻은 가루를 긁어내듯 한데 모은다.

3 반죽을 길쭉한 모양으로 만들어 칼로 10등분을 해서 동글린다.

4 냄비에 튀김용 기름을 넣어 가열하고, 요리용 젓가락을 넣어 미세한 거품이 생기면(160도 정도) ❸을 넣고 5~6분 튀긴 뒤, 연갈색이 되면 철망에 꺼낸다.

5 작은 냄비에 B를 넣고 끓여서 걸쭉해지면 불을 끈 뒤 ❹를 넣고 굴린다. 그런 다음에 쿠킹시트를 깐 쟁반에 나란히 놓아서 굳힌다.

6 굳으면 초코펜으로 눈을 그린다.

간장 떡 튀김

네모난 떡을 얇게 잘라서 튀기기만 하면 됩니다!
바삭! 경쾌한 소리와 재미있는 식감을 즐길 수 있는 간식입니다.

레벨

재료 (만들기 쉬운 분량)

네모난 떡 …… 3개
간장 …… 2큰술
튀김용 기름 …… 적당량

1 떡은 절반으로 자르고, 다시 한 조각을 6등분으로 얇게 자른다.

2 겹치지 않도록 소쿠리에 늘어놓고 바람이 잘 통하는 곳에서 사흘 정도 말린다.

3 ❷에 간장을 바른다. 냄비에 튀김용 기름을 가열하고 요리용 젓가락을 넣어서 큰 거품이 생기면 (170도 정도) 조심스럽게 떡을 넣어서 튀긴다.

4 올록볼록 부풀면 완성! 철망에 올려서 기름을 뺀다.

5 내열용기에 넣은 뒤, 랩을 씌우지 말고 전자레인지에서 10~20초 가열해서 그대로 식힌다.

도토리모자 고구마양갱

레벨

촉촉하고 부드러운 고구마를 초콜릿으로 코팅해서 데굴데굴 귀여운 도토리 모양으로 마무리합니다.

재료 (15~16개분)

껍질 벗긴 고구마
····· 300g
설탕 ····· 30g
한천분말 ····· 2g
밀크 초콜릿,
화이트 초콜릿,
참깨, 막대과자(시판)
····· 각각 적당량

준비
- 고구마는 1cm 두께로 썰어서 물에 담근다.
- 초콜릿은 각각 잘게 자른다.

1
냄비에 고구마를 넣고 고구마가 잠길 정도의 물을 부은 뒤 불에 올려서 익을 때까지 삶는다.

2
고구마가 익으면 물을 버리고, 나무공이 등으로 으깨서 설탕을 넣고 섞는다.

3
작은 냄비에 한천 분말과 물 100ml를 넣어서 끓으면 약불에서 2분 정도 더 끓인 뒤, ❷에 넣고 섞는다.

4
열기가 식으면 15등분 정도로 나누어 랩을 이용해 도토리 모양으로 만들고, 냉장고에서 30분 정도 식혀서 굳힌다.

5
작은 볼에 밀크초콜릿을 넣어 중탕으로 녹이고, 숟가락으로 ❹의 2/3까지 바른다. 쿠킹 시트를 깐 트레이에 늘어놓고 냉장고에서 식혀서 굳힌다.

6
화이트초콜릿도 똑같이 녹여서 남은 부분을 코팅하고 참깨를 묻혀서 식힌 뒤, 막대과자를 끼운다.

호박팽이빵

호박을 반죽해서 만든 빵은 아침 식사로도 추천합니다.
밀폐봉지에 넣어서 식히는 것은 오그라들지 않도록 하기 위해서입니다.

레벨

 준비
- 철판에 직경 6cm의 원을 그린 쿠킹 시트를 깔고, 그 위에 다시 쿠킹 시트를 겹쳐서 올린다.

 **재료** (5개분)

호박(껍질과 씨를 제거) …… 60g
버터(무염), 설탕 …… 각 30g
소금 …… 한 꼬집
푼 달걀 …… 1개
우유 …… 1큰술
A 박력분 …… 100g
　베이킹파우더 …… 1작은술
　막대과자 …… 적당량

1 냄비에 호박과 호박이 잠길 정도의 물을 넣어서 끓인 뒤, 호박이 익으면 물을 버리고 나무 공이로 으깬다. 우유를 넣어서 섞는다.

2
볼에 버터를 넣어서 부드럽게 한 뒤 설탕과 소금을 넣고, 거품기로 하얘질 때까지 섞는다.

5
둥근 주둥이의 짤주머니에 ❹를 넣고, 철판에 직경 6cm 정도의 산 모양이 되도록 짜낸다.

3
❷에 ❶을 넣어서 섞은 뒤, 푼 달걀을 조금씩 넣으면서 섞는다. 도중에 반죽이 잘 엉기지 않으면 체에 거른 A를 2큰술 정도 넣어서 섞는다.

6
둥글게 부풀어 오르지 않도록 하기 위해, 칼을 물에 적셔서 위쪽에 십자 모양의 칼집을 내서 공기가 빠져나갈 곳을 만든다.

4
남은 A를 다 넣고 고무 주걱으로 꼼꼼히 섞는다.

7
200도로 예열한 오븐에서 8분 정도 구운 뒤, 내열 밀폐봉지에 넣어서 식힌다. 잔열이 사라지면 평평한 면의 중심에 막대과자를 꽂는다.

<이웃집 토토로>
원작·각본·감독 미야자키 하야오

지브리의 식탁
이웃집 토토로

2024년 12월 10일 1판 1쇄 인쇄
2024년 12월 25일 1판 1쇄 발행

스튜디오 지브리 감수
주부의 벗사 엮음
이선희 옮김

발행인 황민호
콘텐츠3사업본부장 석인수
책임편집 손재희 **디자인 협력** 중앙아트그라픽스

발행처 대원씨아이(주) http://www.dwci.co.kr
주소 서울시 용산구 한강대로 15길 9-12
전화 편집 02-2071-2152 **영업** 02-2071-2066
팩스 02-794-7771
등록번호 1992년 5월 11일 등록 제3-563호

ISBN 979-11-423-0372-2 77590
     979-11-423-0371-5 77590(세트)

본문 디자인 이마이 에쓰코(MET)
요리 어시스턴트 다카자와 노리코
요리 촬영 스즈키 다이스케
스타일링 사카가미 가요
구성·글 우라가미 아이코
편집 담당 이치카와 요코(주부의 벗사)

Tonari no Totoro (My Neighbor Totoro)
Copyright ⓒ 1988 Hayao Miyazaki/Studio Ghibli
All rights reserved.
First published in Japan by SHUFUNOTOMO Co., Ltd.

요리 스케나리 후타바
요리사, 푸드 코디네이터

독일 국립 마이스터 학교 졸업. 5년간 유럽에서 유학한 뒤, 1988년 「스케나리 요코 쿠킹 아트 세미나」의 메인 강사로 취임. 푸드 코디네이터와 요리인을 양성해서, 현재 활약하는 인기 요리사를 다수 배출했다. 또한 프로용 요리책부터 초심자용 요리책까지 폭넓게 집필하고, 출판과 광고, TV 등은 물론이고 이벤트나 올바른 식생활 교육, 부모와 자녀가 함께 다니는 요리교실 등 활약의 장을 넓히고 있다.